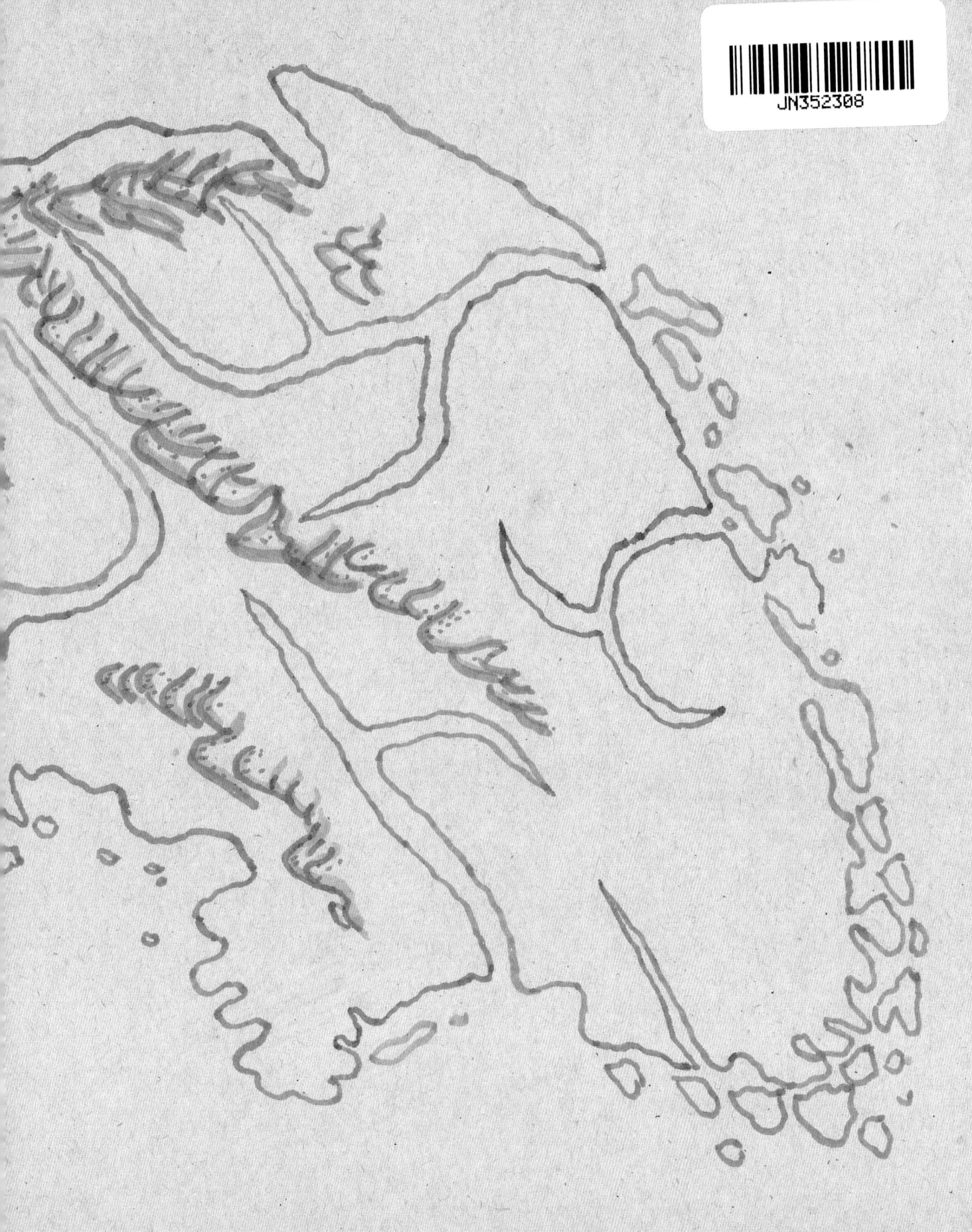

글 | 양수근

명지대학교 문예창작학과 박사 과정을 마쳤습니다.
지금은 대학에서 학생들을 가르치면서 드라마와 동화를 쓰고 있습니다.
연극 〈등대〉, 〈홀인원〉, 뮤지컬 〈매직릴리〉, 〈월드 오브 다크나이트〉,
동화 〈매콜 부인과 쿠클린〉, 〈용감한 꼬마 재봉사〉, 〈로빈 후드의 모험〉 등을 썼습니다.

그림 | 신은경

대학에서 일러스트레이션을 공부하고 프뢰벨 그림동화연구소에서 일했습니다.
지금은 프리랜서 일러스트레이터로 활동하고 있습니다.
그린 책으로는 〈비행기를 탈까, 헬리콥터를 탈까?〉,
〈흐물흐물 꼬물꼬물 뼈 없는 동물 이야기〉, 〈최무선〉 등이 있습니다.

감수위원 | 유현재

한림대학교 사학과를 졸업하고 서울대학교 대학원에서
조선시대사를 공부하고 있습니다.
현재 서울대학교 규장각한국학연구원 연구원으로 있습니다.

**누리 한국사 39**  온 백성의 힘으로 왜적을 물리치다

글 양수근 | 그림 신은경 | 감수 유현재 | 펴낸이 김의진 | 기획편집총괄 박서영 | 편집 김빈애 정재은 김한상 | 글 다듬기 박미향 | 디자인 수박나무
제작·영업 도서출판 누리 | 펴낸곳 Yisubook | 주소 경기도 고양시 일산동구 일산로67, 3층 | 고객상담실 080-890-7000
잘못된 책은 바꾸어 드립니다. 이 책에 실린 글이나 그림을 무단으로 복사, 복제, 배포하는 것을 금합니다.
△1. 사람을 향해 던지거나 떨어뜨리지 마십시오. 2. 고온 다습한 장소나 직사광선이 닿는 장소에는 보관하지 마십시오.

# 온 백성의 힘으로
# 왜적을 물리치다

글 양수근  그림 신은경

# 조선은 왜적의 침입을 어떻게 물리쳤을까요?

임진년 4월, 일본이 부산 앞바다에 쳐들어왔어요.
일본군은 새로운 무기인 조총을 앞세워
조선 군사들을 꼼짝 못하게 했지요.
일본군은 18일 만에 한양까지 올라왔어요.
조선은 위기를 헤치고 왜적을 물리칠 수 있을까요?

선조는 일본에서 날아온 뜻밖의 편지를 받았어요.
일본이 명나라를 치려고 하니 길을 내 달라는 내용이었어요.
신하들은 고개를 갸웃거렸어요.
"전하, 일본이 명나라와 전쟁을 벌일 리 없습니다.
길을 내 달라는 핑계로 조선을 치려는 속셈이 분명하니
사람을 보내 알아보는 것이 좋겠습니다."
선조는 일본으로 사신들을 보냈지요.

열 달 뒤, 일본으로 갔던 사신들이 돌아왔어요.
"전하, 일본이 곧 쳐들어올 것 같습니다."
한 사신의 말에 신하들은 깜짝 놀랐어요.
그러자 또 다른 사신이 나서며 말했어요.
"아닙니다. 섣불리 전쟁을 일으키지는 않을 것입니다.
확실하지도 않은데 백성들을 불안하게 할 필요가 있겠습니까?"

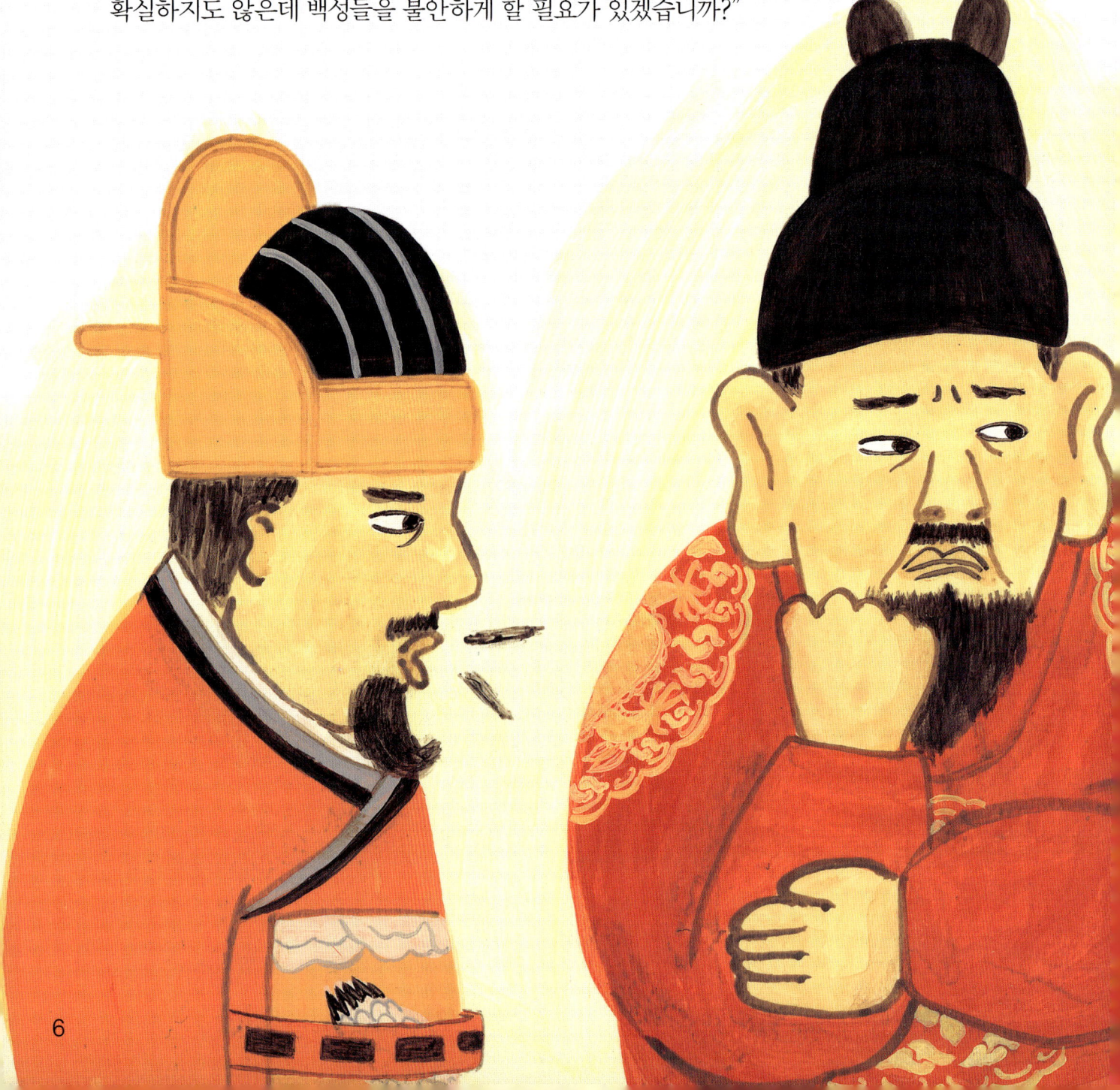

선조는 누구의 말을 들어야 할지 알 수 없었어요.
그사이 전쟁이 일어날지 모른다는 소문이 온 나라에 퍼졌지요.
백성들은 크게 불안해했어요.
선조는 백성들을 안심시키는 것이 먼저라고 생각했어요.
'그래, 200년 동안 조선 땅에서는 전쟁이 일어나지 않았다.'
결국 선조는 낡은 성곽만 고쳐 쌓으라고 했어요.
전쟁에 대한 소문은 곧 사라졌지요.

조선은 다시 평화로워졌어요.
하지만 전라도 바다를 지키는 수군은 달랐어요.
'적은 갑자기 쳐들어오기 마련이다.
준비를 철저히 한다면 언제든 이길 수 있다.'
이순신 장군은 군사들에게 무기를 손질하고,
식량을 모아 두라고 명령했어요.
나무로 만든 거북선에는 철판을 씌우게 했지요.
"철갑 위에 쇠못을 박으면 적군이 배 위로 올라오지 못할 것이다."
이순신은 물길의 흐름과 땅의 모양을 살펴 싸우기에
알맞은 곳도 확인해 두었어요.

1592년 임진년, 부산 앞바다로 수많은 군함이 다가왔어요.
일본이 20만 군사를 이끌고 쳐들어온 거예요.
부산진성을 지키던 군사들은 뭍으로 올라오는
왜군을 향해 마구 화살을 쏘았어요.
하지만 물밀듯이 들어오는 왜군을 상대하기에는 힘에 부쳤지요.
게다가 왜군이 쏘아 대는 총의 힘은 대단했어요.
총에 맞은 군사들은 비명도 지르지 못하고 쓰러졌어요.
부산진성은 이틀 만에 무너지고 말았지요.

왜군은 한양을 향해 거침없이 올라왔어요.
대구를 거쳐 문경을 지나 충주까지 이르렀지요.
조정에서는 급히 충주로 신립 장군을 보냈어요.
신립 장군은 왜군을 막기 위해 안간힘을 썼어요.
"활을 쏘아라!"
하지만 왜군이 쏘아 대는 총을 당해 낼 수는 없었어요.
조선 군사는 충주에서도 크게 패하고 말았지요.
한양이 위태로워지자 선조는 함경도로 피난을 떠났어요.
왜군은 조선에 쳐들어온 지 18일 만에 한양을 차지했어요.
나라가 큰 위기에 빠졌지요.

한편 전라도 앞바다를 지키고 있던 이순신은
군함을 이끌고 경상도 옥포로 향했어요.
'단 한 척의 배도 지나가지 못하게 하겠다.
왜군은 배로 식량과 무기를 나르니 바닷길을 막아 버리면
힘을 못 쓸 테지.'
이순신은 자신만만했어요.
철저히 훈련을 해 온 데다 조선 군함은 매우 뛰어났거든요.
바닥이 평평해 큰 파도에도 흔들리지 않았고,
한 번에 여러 발을 쏠 수 있는 대포를 싣고 있었어요.
이순신은 싸움에 나서자마자 왜군을 물리쳤지요.

약이 오른 왜군은 다시 군함을 모았어요.
소식을 들은 이순신은 왜군을 무찌를 계획을 세웠어요.
'일본 군함들을 한산도로 꾀어내야겠다.'
한산도는 사방이 막혀 있어 도망치기 어려운 곳이었지요.
우리 배 대여섯 척이 일본 군함이 모여 있는 곳으로 가
공격을 퍼붓고는 도망치듯 한산도로 향했어요.
일본 군함들이 쫓아왔어요.
"배들을 에워싸라."
공격 신호에 맞춰 조선 배들이 재빨리 움직이며
학이 날개를 펴듯이 일본 군함을 에워싸고는 대포를 쏘아 댔어요.
일본 군함은 불에 타고 부서져 하나 둘 바다로 가라앉았지요.

바닷길이 막혀 식량을 얻지 못하게 된 왜군들은
곡식이 많이 나는 전라도를 공격하기로 했어요.
전라도로 가려면 진주를 지나야 하는데
진주성은 이미 김시민 장군이 철통같이 지키고 있었어요.
"진주성을 반드시 지켜 내야 한다!"
군사들은 물론 성안의 백성들이 모두 힘을 합쳐 싸웠지요.
성 밖에서는 곽재우가 의병들을 이끌고 달려왔어요.
7일 동안 싸운 끝에, 조선 군사들은 진주성을 지켜 냈어요.

곳곳에서 의병들이 관군과 힘을 합쳐 왜군을 무찔렀어요.
명나라 군사들도 조선을 도우러 달려왔어요.
조선 군사들은 함경도부터 차례차례 왜군을 물리치며
한양까지 내려왔어요.
하지만 한양을 되찾기는 쉽지 않았지요.
권율 장군은 한강 하류에 있는 행주산성으로 군사를 이끌고 갔어요.
"행주산성은 사방이 트여 적을 한눈에 내려다볼 수 있다."
권율 장군은 온갖 무기를 갖추어 놓았어요.
위협을 느낀 왜군은 먼저 행주산성을 공격했어요.
조선의 화포가 불을 뿜자 수많은 왜군이 쓰러져 나갔지요.

행주산성에서 크게 패한 왜군은 부산까지 밀려났어요.
그러자 일본이 먼저 전쟁을 멈추자고 요청했어요.
조선의 신하들은 반대했지요.
"전하, 이참에 왜군을 완전히 몰아내야 합니다."
그런데 빨리 전쟁을 끝내고 싶었던 명나라가
일본의 요청을 받아들이고 말았어요.
명나라와 일본은 조선을 빼놓고 협상을 시작했어요.
하지만 협상은 제대로 이뤄지지 않았지요.
일본은 명나라 황녀를 일본의 후궁으로 보내라고 요구했고,
명나라는 일본에 조공을 바치라고 요구했거든요.
전쟁이 언제 다시 터질지 모르는 불안한 날들이 이어졌어요.

1597년 정유년,
일본은 다시 수만의 군사를 이끌고 조선에 쳐들어왔어요.
하지만 이번에는 조선도 호락호락하지 않았어요.
그사이 준비를 해 두었기 때문이에요.
무기를 정비하고, 군사들을 엄하게 훈련시켰지요.
왜군은 육지에서는 발이 묶여 경상도를 벗어나지 못했어요.
반면 바닷길은 쉽게 뚫렸어요.
일본의 군함은 경상도 앞바다를 지키던 조선 군함들을 모두 무찌르고
전라도 앞바다까지 차지해 버렸답니다.
바다를 지키던 이순신이 모함을 받아 감옥에 있었거든요.

선조는 이순신에게 왜군과 싸우라고 명령했어요.
이순신이 수군에 돌아왔을 때 남아 있는 배는 12척이 전부였지요.
133척이나 되는 일본 배와 맞서기에는 너무도 적은 수였어요.
하지만 이순신은 포기하지 않았어요.
"살기를 원하는 자 죽을 것이요,
죽기를 원하는 자 살 것이다. 나를 따르라!"

이순신은 12척의 배로 왜군을 무찌를 계획을 세웠어요.
'이번엔 울돌목으로 적을 꾀어내야겠군.'
울돌목은 폭이 좁고 물의 흐름이 매우 빨라
많은 배가 들어왔다가는 서로 엉키어
꼼짝달싹 못하는 곳이었지요.
이순신은 물속에 쇠줄까지 쳐 두었어요.
울돌목으로 들어온 일본 군함은 쇠줄에 걸려 가라앉고,
물살에 휩쓸리다 서로 엉켰어요.
이 틈을 놓치지 않고 조선 군함은 대포를 쏘아 댔지요.
이순신은 12척의 배로 일본 군함 133척을 모두 물리쳤어요.

일본은 곳곳에서 패했어요.
그런 데다가 전쟁을 일으킨 도요토미가 죽자
왜군은 일본으로 도망가기 시작했어요.
"끝까지 따라가라. 단 한 놈도 돌려보내서는 안 된다."
이순신은 왜군을 끝까지 쫓아 모두 없애 버렸어요.
그렇게 7년간 계속되었던 전쟁이 끝이 났어요.
비록 왜군을 모두 무찔렀지만,
조선은 오랜 전쟁으로 큰 피해를 입었어요.
많은 백성이 죽거나 집을 잃었고, 땅도 모두 폐허가 되고 말았지요.
백성들은 농사지을 땅을 일구고 부서진 집과 성벽을 쌓으며,
다시는 이 땅에 전쟁이 일어나지 않기를 바랐답니다.

### 열려라 역사!

# 조선의 배는 왜 뛰어날까?

이순신 장군이 이끄는 조선 수군은 바다로 쳐들어오는 왜군을 잇따라 물리쳤어요.
거북선과 판옥선의 어떤 점이 승리를 이뤄 냈을까요?

## 조총에도 끄떡없는 거북선

거북선은 철판으로 만든 뚜껑을 씌웠기 때문에 거북과 닮았다고 하여 붙은 이름이에요. 거북선의 덮개는 왜군의 조총과 화살로부터 군사들을 보호하는 역할을 했어요. 철갑 위에는 수백 개의 쇠못을 박아서 왜군이 기어 올라오지 못하게 했어요. 거북선이 용처럼 생긴 머리에서 대포를 쏘아 대며 왜군의 배에 가까이 다가가면 뒤에 따르던 판옥선이 함께 공격을 했어요.

덮개에는 뾰족한 쇠못이 있어 왜군이 기어오를 수 없어요.

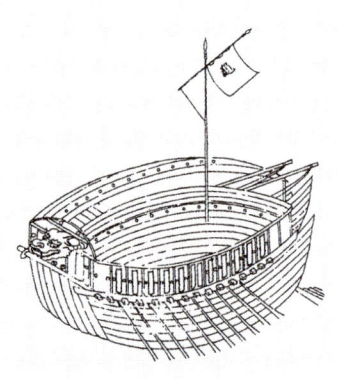

통제영 거북선

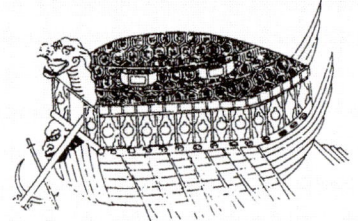

전라 좌수영 거북선

화포 구멍

## 바다의 탱크, 판옥선

판옥선은 배 바닥이 넓고 평평해서 높은 파도에도 흔들리지 않았어요. 밀물과 썰물의 차가 심한 우리나라의 바다에 안성맞춤이었지요. 1층에서는 노를 젓고, 2층에서는 병사들이 왜군과 싸우는 구조였어요. 포를 높은 곳에 설치했기 때문에 적군의 배에 포를 쏠 때 유리했지요. 판옥선은 거북선과 함께 조선의 바다를 지키는 데 큰 공을 세운 군함이에요.

널빤지로 지붕을 만든 조선의 대표적인 군함, 판옥선

배 안에서 수군이 직접 화포를 쏘았어요.

거북선에서 사용했던 화포, 천자총통

## 왜군의 배, 안택선

왜군의 배는 바닥이 좁고 가벼워 빠르게 움직였어요. 하지만 파도에 쉽게 흔들리고, 급하게 방향을 바꾸려고 하면 배가 뒤집히고 말았지요. 이순신 장군은 그런 단점을 알아내고 전투에 이용해서 승리를 거두었어요.

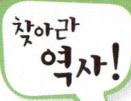

# 조선을 지킨 의병들

왜군이 쳐들어오자 백성들은 양반에서 천민에 이르기까지 나라를 지키기 위해 스스로 군대를 만들었어요. 이들을 의병이라고 해요. 왜군에 맞서 싸운 의병들을 만나 볼까요?

### 홍의 장군 곽재우

곽재우는 공부를 하는 선비였지만 의병들을 모아 왜군에 맞서 싸웠어요. 왜군이 오는 길목에 숨어 있다가 갑자기 공격하는 전술로 왜군을 당황하게 만들었지요. 곽재우는 진주성을 지키는 데 큰 역할을 했어요. 붉은 옷을 입고 전투에 나섰기 때문에 '홍의 장군'이라 불렀어요.

평양

### 승려들을 모아 의병을 일으킨 사명 대사

사명 대사는 임진왜란이 일어나자 승려들을 모아 의병을 만들었어요. 명나라 군사들과 힘을 합쳐 평양성을 되찾는 등 큰 활약을 펼쳤지요. 임진왜란이 끝난 후에는 선조 임금의 명을 받고 일본으로 건너가서 일본에 끌려갔던 백성들을 데리고 돌아오기도 했답니다.

곽재우    사명대사

정문부
길주

### 권율 장군과 행주 대첩

행주 대첩은 행주산성에서 벌어진 싸움이에요. 권율 장군은 왜군이 차지한 한양을 되찾기 위해 행주산성에 신기전, 진뢰천, 총통 등 온갖 무기를 갖추고 싸울 준비를 했지요. 행주 대첩은 진주 대첩, 한산도 대첩과 함께 임진왜란 3대 대첩으로 불려요. 행주 대첩에서의 승리로 한양을 되찾을 수 있었답니다.

신기전

격렬하게 싸운 곳

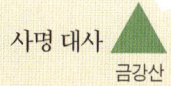
사명 대사
금강산

### 대나무 창으로 싸운 김천일

김천일은 전라도 나주 사람이에요. 조선의 관군이 왜군에게 패했다는 소식을 듣고 의병을 일으켰지요. 2차 진주성 싸움에서 화살이 떨어지고 창이 부러지자 대나무 창으로 싸우다가 진주성이 함락되자 남강에 뛰어들어 목숨을 끊었어요.

남강이 보이는 진주성의 촉석루

# 궁금하다, 궁금해!

 **Q1.**
우리나라에 일본 사람을 모신 사당이 있다면서요?

 **A1.**
대구광역시에 있는 녹동 서원은 김충선 장군을 기리는 사당이에요. 김충선 장군은 임진왜란 때 우리나라에 쳐들어온 일본의 장수였어요. 하지만 조선의 문물에 반해 항복하고 조선 사람이 되어 선조 임금에게 김충선이라는 이름을 받았지요. 조선군에게 조총 쏘는 법을 가르치고 훈련시키는 등 큰 공을 세웠어요.

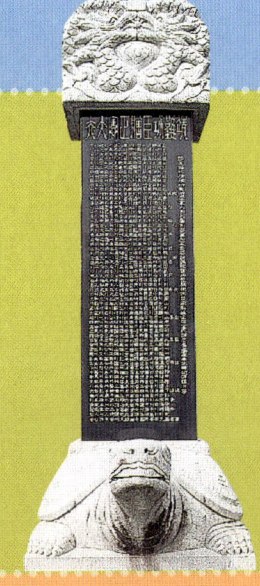

김충선 장군 비석

**Q2.**
일본 도공의 시조가 우리나라 사람이에요?

**A2.**
일본의 도자기 마을에는 우리나라 사람 이삼평의 비가 있어요. 이삼평은 임진왜란 때 일본으로 끌려간 도공이에요. 이삼평은 일본에서 백자의 재료가 되는 흙을 발견해 일본에 도자기 만드는 법을 전했어요. 이삼평이 살던 아리타 마을은 일본 도자기를 대표하는 마을이 되었어요. 지금도 일본 사람들은 이삼평을 도자기의 신이라고 부르면서 높이 떠받들고 있어요.

# Q3.
## 귀 무덤이 뭐예요?

# A3.
☞ 일본의 장수들은 자신들의 공을 보이기 위해 죄 없는 조선 사람들을 죽이고 코와 귀를 베어 갔어요. 일본 교토에 남아 있는 귀 무덤은 임진왜란 때 일본군이 베어 간 조선 사람들의 코와 귀가 묻혀 있는 무덤이에요.

귀 무덤

일본에 간 통신사

# Q4.
## 통신사는 어떤 일을 했나요?

# A4.
☞ 통신사는 조선 시대 때 일본으로 보낸 사절단이었어요. 임진왜란이 끝난 후에는 임진왜란 때 끌려간 백성들을 데려오고, 일본과 화친하는 일을 담당했어요. 통신사는 조선의 기술과 문화를 일본에 퍼뜨렸기 때문에 성대한 대접을 받았어요.

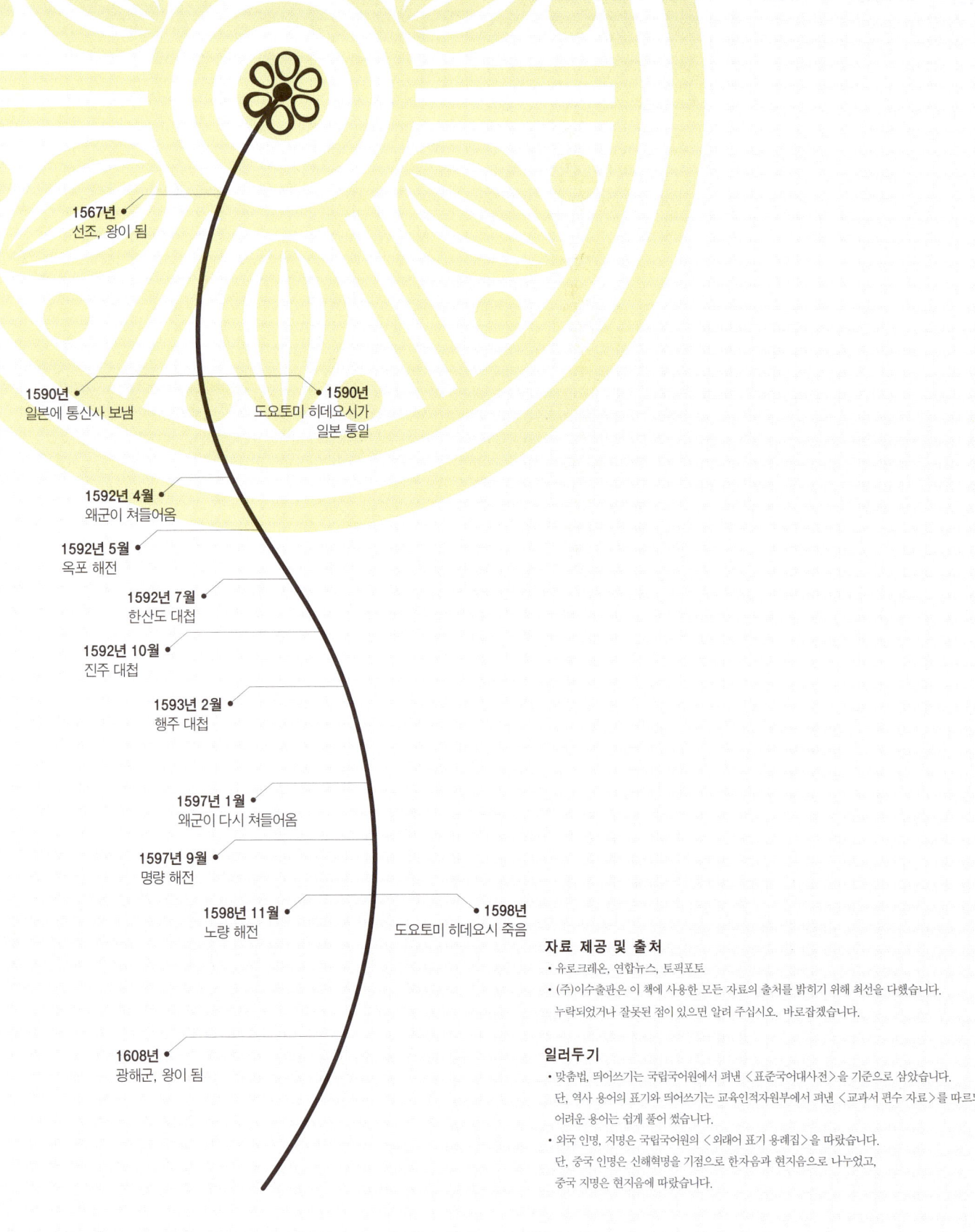

1567년
선조, 왕이 됨

1590년
일본에 통신사 보냄

1590년
도요토미 히데요시가
일본 통일

1592년 4월
왜군이 쳐들어옴

1592년 5월
옥포 해전

1592년 7월
한산도 대첩

1592년 10월
진주 대첩

1593년 2월
행주 대첩

1597년 1월
왜군이 다시 쳐들어옴

1597년 9월
명량 해전

1598년 11월
노량 해전

1598년
도요토미 히데요시 죽음

1608년
광해군, 왕이 됨

### 자료 제공 및 출처
- 유로크레온, 연합뉴스, 토픽포토
- (주)이수출판은 이 책에 사용한 모든 자료의 출처를 밝히기 위해 최선을 다했습니다.
  누락되었거나 잘못된 점이 있으면 알려 주십시오. 바로잡겠습니다.

### 일러두기
- 맞춤법, 띄어쓰기는 국립국어원에서 펴낸 〈표준국어대사전〉을 기준으로 삼았습니다.
  단, 역사 용어의 표기와 띄어쓰기는 교육인적자원부에서 펴낸 〈교과서 편수 자료〉를 따르되,
  어려운 용어는 쉽게 풀어 썼습니다.
- 외국 인명, 지명은 국립국어원의 〈외래어 표기 용례집〉을 따랐습니다.
  단, 중국 인명은 신해혁명을 기점으로 한자음과 현지음으로 나누었고,
  중국 지명은 현지음에 따랐습니다.

# 누리 한국사

★ 생활 문화사

|  | |  |  |
|---|---|---|---|
| 선사 시대 | ★ | 01 | 구석기 생활 문화 \| 동굴 소년 재간둥이 |
| | ★ | 02 | 신석기 생활 문화 \| 움집 소년 큰눈이 |
| | ★ | 03 | 청동기 생활 문화 \| 청동 소년 번득이 |
| 고조선 | | 04 | 고조선 \| 단군이 세운 고조선 |
| 삼국 시대 | | 05 | 신라 건국 \| 여섯 마을이 세운 신라 |
| | | 06 | 고구려 건국 \| 주몽이 세운 고구려 |
| | | 07 | 백제 건국 \| 한강에 자리 잡은 백제 |
| | | 08 | 가야 \| 철로 일어선 가야 |
| | | 09 | 백제 전성기 \| 근초고왕, 강한 백제를 만들다 |
| | ★ | 10 | 백제 생활 문화 \| 기와 공방 일꾼 다리 |
| | | 11 | 고구려 전성기 \| 거침없이 뻗어 나가는 고구려 |
| | ★ | 12 | 고구려 생활 문화 \| 재주꾼 달기, 달을 쏘다 |
| | | 13 | 신라 전성기 \| 진흥왕, 한강을 손에 넣다 |
| | | 14 | 신라 불교 수용 \| 이차돈을 잃고 불교를 얻다 |
| | | 15 | 수·당의 침략 \| 수·당을 물리친 고구려 |
| | | 16 | 삼국 통일 \| 세 나라를 통일한 신라 |
| 남북국 시대 | | 17 | 발해 \| 크고 강한 나라 발해 |
| | | 18 | 통일 신라 대외 교역 \| 청해진, 세계와 통하다 |
| | ★ | 19 | 신라 생활 문화 \| 시골 소년 해련의 서라벌 여행 |
| | ★ | 20 | 통일 신라 불교문화 \| 수동이와 토함산 산신령 |
| | | 21 | 후삼국 \| 다시 세 나라로 나뉘다 |
| 고려 | | 22 | 고려 건국 \| 마음을 얻어 나라를 세우다 |
| | | 23 | 고려 기틀 다지기 \| 광종이 노비를 풀어 준 까닭은? |
| | ★ | 24 | 고려 신분과 생활 \| 천방지축 고려 소녀 단이 |
| | | 25 | 거란 침입 \| 세 번의 침입, 고려의 승리 |
| | ★ | 26 | 고려 대외 교류 \| 벽란도에 간 아청이 |
| | | 27 | 문벌 귀족의 혼란 \| 이자겸의 난과 묘청의 난 |
| | | 28 | 무신 정변 \| 무신의 시대 |
| | ★ | 29 | 천민의 난 \| 이대로는 살 수 없다 |
| | | 30 | 몽골의 침략 \| 대제국 몽골의 침략을 받다 |
| | ★ | 31 | 고려 불교문화 \| 부처님, 형을 돌려주세요 |
| | | 32 | 공민왕의 개혁 정치 \| 원나라 옷을 벗어 던지다 |
| 조선 | | 33 | 조선 건국 \| 새로운 나라를 꿈꾸다 |
| | | 34 | 조선 기틀 다지기 \| 왕의 힘이 강해져야 해 |
| | | 35 | 조선 문화 발달 \| 세종은 왜 한글을 만들었을까? |
| | ★ | 36 | 조선 양반 생활 \| 명나라 지도책을 선물할 테야 |
| | ★ | 37 | 조선 농촌 생활 \| 들돌을 들어야 일꾼! |
| | | 38 | 사림 정치 \| 바른 소리로 나라를 이끌다 |
| | | 39 | 임진왜란 \| 온 백성의 힘으로 왜적을 물리치다 |
| | | 40 | 병자호란 \| 항복할 것인가, 싸울 것인가 |
| | | 41 | 영조의 탕평책 \| 탕탕평평, 치우치지 마라 |
| | | 42 | 정조의 개혁 정치 \| 화성에 꽃핀 정조의 꿈 |
| | | 43 | 실학 \| 쓸모 있는 학문을 연구하다 |
| | ★ | 44 | 조선 후기 사회 변화 \| 소예와 맹 도령 |
| | ★ | 45 | 조선 후기 여성의 삶 \| 언니 시집가는 날 |
| | | 46 | 농민 봉기 \| 세금에 짓눌린 농민들 |
| | | 47 | 흥선 대원군의 정치 \| 흔들리는 나라를 바로 세워라 |
| 개화기 | | 48 | 조선의 문호 개방 \| 조선, 항구를 열다 |
| | | 49 | 개화기의 혼란 \| 임오군란과 갑신정변 |
| | | 50 | 동학 농민 운동 \| 농민군이 꿈꾼 세상 |
| | | 51 | 대한 제국 \| 황제의 나라가 되다 |
| | ★ | 52 | 개화기의 변화 \| 달라진 한양이 궁금해 |
| 일제 강점기 | | 53 | 을사조약과 국권 상실 \| 나라를 빼앗기다 |
| | | 54 | 항일 계몽 운동 \| 나라를 지키려는 노력 |
| | ★ | 55 | 일제의 경제 수탈 \| 땅도 쌀도 빼앗기고 |
| | | 56 | 3·1 운동과 임시 정부 \| 대한 독립 만세! |
| | | 57 | 무장 독립 운동 \| 독립군의 빛나는 승리 |
| | ★ | 58 | 일제의 민족 말살 정책 \| 내 이름은 봉구 |
| 대한민국 | | 59 | 광복과 분단 \| 두 개로 나뉜 한반도 |
| | | 60 | 민주주의와 경제 발전 \| 발전하는 대한민국 |